Kartoffelküche

Kartoffelsuppe mit Erbsen

Für 4 Personen

2 EL Pflanzenöl

2 mehlig kochende Kartoffeln mit Schale, gewürfelt

2 Zwiebeln, gewürfelt

75 g Trockenerbsen

1 l Gemüsebrühe

5 EL geraspelter Gruyère

Salz und Pfeffer

CROÛTONS

3 EL Butter

1 Knoblauchzehe, zerdrückt

1 EL frisch gehackte Petersilie

1 dicke Scheibe Weißbrot, gewürfelt

1 Das Öl in einem großen Topf erhitzen, Kartoffeln und Zwiebeln zugeben und unter ständigem Rühren 5 Minuten andünsten, bis die Zwiebeln glasig sind.

2 Die Trockenerbsen zufügen und gut untermischen.

3 Brühe zugießen und alles aufkochen. Die Hitze reduzieren und abgedeckt 35 Minuten köcheln lassen, bis die Kartoffeln und Erbsen gar sind.

4 Inzwischen die Croûtons zubereiten. Dazu die Butter in einer Pfanne zerlassen. Knoblauch, Petersilie und Brotwürfel zufügen und ca. 2 Minuten unter häufigem Rühren goldbraun rösten.

5 Den Käse in die Suppe einrühren, behutsam schmelzen lassen und mit Salz und Pfeffer abschmecken.

6 Die Suppe auf vorgewärmte Teller verteilen und mit den Croûtons garnieren. Sofort servieren.

Kartoffelsuppe mit Porree & Speck

Für 4 Personen

25 g Butter

175 g Kartoffeln, gewürfelt

4 Porreestangen, gehackt

2 Knoblauchzehen, zerdrückt

100 g geräucherter Speck, gewürfelt

900 ml Gemüsebrühe

225 g Crème double

2 EL frisch gehackte Petersilie

Salz und Pfeffer

GARNIERUNG

Pflanzenöl

1 Porreestange, in dünnen Streifen

1 Die Butter in einem großen Topf zerlassen, Kartoffeln, Porree, Knoblauch und Speck zugeben und unter ständigem Rühren 5 Minuten andünsten.

2 Gemüsebrühe zugießen und alles aufkochen. Die Hitze reduzieren und abgedeckt 20 Minuten köcheln lassen, bis die Kartoffeln gar sind. Die Crème double einrühren.

3 Inzwischen die Garnierung zubereiten. Dazu einen Topf halb mit Öl füllen und auf 180–190 °C erhitzen oder bis ein Brotwürfel in 30 Sekunden darin braun wird. Den Porree darin 1 Minute knusprig goldbraun frittieren. Vorsicht: Es kann spritzen, denn Porree enthält Wasser. Auf Küchenpapier abtropfen lassen.

4 Etwas von der Kartoffelmischung zurückbehalten und den Rest in der Küchenmaschine oder im Mixer portionsweise jeweils 30 Sekunden pürieren. Anschließend in einen sauberen Topf geben und noch einmal erwärmen.

5 Die zurückbehaltene Mischung und die Petersilie zugeben und abschmecken. Auf Teller verteilen und mit dem frittierten Porree garniert servieren.

VARIATION

Für eine etwas leichtere Suppe statt der Crème double vor dem Servieren Joghurt oder Crème fraîche einrühren.

Kartoffelsuppe mit getrockneten Pilzen

Für 4 Personen

2 EL Pflanzenöl
600 g mehlig kochende Kartoffeln, in Scheiben
1 Zwiebel, in Ringen
2 Knoblauchzehen, zerdrückt
1 l Rinderbrühe
25 g getrocknete Pilze, eingeweicht und trockengetupft, Einweichwasser aufheben
2 Selleriestangen, gehackt
2 EL Weinbrand
Salz und Pfeffer

BELAG
3 EL Butter
2 dicke Scheiben Weißbrot ohne Kruste
3 EL frisch geriebener Parmesan

GARNIERUNG
getrocknete Pilze, eingeweicht und trockengetupft
frische Petersilie

1 Das Öl in einem großen Topf erhitzen, Kartoffeln, Zwiebel und Knoblauch zugeben und unter ständigem Rühren 5 Minuten andünsten.

2 Rinderbrühe, Pilze samt dem Wasser, in dem sie eingeweicht wurden, und Sellerie zugeben. Dann alles kurz aufkochen. Die Hitze reduzieren und abgedeckt ca. 20 Minuten köcheln lassen, bis die Kartoffeln gar sind.

3 Inzwischen die Butter in einer Pfanne zerlassen. Die Brotscheiben mit dem Parmesan bestreuen und in der Butter beide Seiten je 1 Minute rösten, danach in Dreiecke schneiden. Den Weinbrand in die Suppe einrühren und mit Salz und Pfeffer abschmecken.

4 Die Suppe auf Teller verteilen und mit den Brotecken belegen. Mit Pilzen und Petersilie garnieren und sofort servieren.

TIPP

Der beliebteste Trockenpilz ist der Steinpilz, doch kann natürlich auch jede andere Sorte genommen werden. Statt getrockneter Pilze kann man auch 125 g in Scheiben geschnittene frische Pilze verwenden.

Scharfe Kartoffelsuppe

Für 4 Personen

1 EL Olivenöl
1 große Zwiebel, fein gehackt
2–3 Knoblauchzehen, fein gehackt
1 Karotte, geviertelt und in Scheiben
250 g Kartoffeln, gewürfelt
1/4 TL gemahlene Kurkuma
1/4 TL Garam Masala
1/4 TL mildes Currypulver
400 g Tomaten aus der Dose, gehackt
850 ml Wasser
1/4 TL Chilipaste
400 g Kichererbsen aus der Dose, abgetropft und abgespült
85 g Erbsen
Salz und Pfeffer
frisch gehackter Koriander, zum Garnieren

1 Das Öl bei mittlerer Hitze in einem großen Topf erwärmen. Zwiebel und Knoblauch zugeben und etwa 3–4 Minuten andünsten, bis die Zwiebel glasig wird. Ab und zu umrühren.

2 Karotte, Kartoffeln, Kurkuma, Garam Masala und Currypulver zugeben und weitere 1–2 Minuten dünsten.

3 Tomaten, Wasser, Chilipaste und eine gute Prise Salz zugeben und aufkochen. Die Hitze reduzieren und bei geschlossenem Deckel 30 Minuten köcheln lassen. Dabei gelegentlich umrühren.

4 Kichererbsen und Erbsen zufügen und weitere 15 Minuten köcheln lassen, bis das Gemüse gar ist.

5 Die Suppe mit Salz und Pfeffer abschmecken und nach Belieben mit etwas Chilipaste nachschärfen. Auf vorgewärmte Suppenteller verteilen, mit Koriander garnieren und sofort servieren.

2

3

4

Indische Kartoffel-Erbsen-Suppe

Für 4 Personen

2 EL Pflanzenöl
225 g mehlig kochende Kartoffeln, gewürfelt
1 große Zwiebel, gehackt
2 Knoblauchzehen, zerdrückt
1 TL Garam Masala
1 TL gemahlener Koriander
1 TL gemahlener Kreuzkümmel
900 ml Gemüsebrühe
1 rote Chili, entkernt und gehackt
100 g Erbsen
4 EL Naturjoghurt
Salz und Pfeffer
frisch gehackter Koriander, zum Garnieren
warmes Brot, zum Servieren

1 Das Pflanzenöl in einem großen Topf erhitzen, dann Kartoffeln, Zwiebel und Knoblauch zugeben und ca. 5 Minuten unter ständigem Rühren andünsten.

2 Die Gewürze zugeben und noch 1 weitere Minute dünsten, dabei umrühren.

3 Gemüsebrühe zugießen, Chili zugeben und aufkochen. Die Hitze reduzieren und abgedeckt 20 Minuten köcheln lassen, bis die Kartoffeln zu zerfallen beginnen.

4 Die Erbsen zufügen und weitere 5 Minuten köcheln lassen, dann den Joghurt einrühren. Mit Salz und Pfeffer abschmecken.

5 Die Suppe auf vorgewärmte Teller verteilen und mit Koriander garnieren. Sofort servieren und warmes Brot dazu reichen.

2

3

4

Pistou

Für 6 Personen

2 junge Karotten
2 Kartoffeln
200 g frische Erbsen mit Hülsen
200 g grüne Bohnen
150 g kleine Zucchini
2 EL Olivenöl
1 Knoblauchzehe, zerdrückt
1 große Zwiebel, fein gehackt
2,5 l Gemüsebrühe oder Wasser
1 Bouquet garni aus 2 Petersilienzweigen, 1 Lorbeerblatt und 7,5-cm-Stück Selleriestange
1 große Tomate, gehäutet, entkernt und fein gehackt
85 g kleine Suppennudeln
frisch gehobelter Parmesan, zum Garnieren

PISTOU-SAUCE
75 g frisches Basilikum
1 Knoblauchzehe
5 EL Olivenöl extra vergine
Salz und Pfeffer

1 Für die Pistou-Sauce Basilikum, Knoblauch und Olivenöl in einer Küchenmaschine gut zerkleinern. Mit Salz und Pfeffer abschmecken. In eine Schüssel füllen, mit Frischhaltefolie abdecken und kalt stellen.

1

2 Die Karotten schälen, längs halbieren und in Scheiben schneiden. Die Kartoffeln schälen, vierteln und in Scheiben schneiden. Beiseite stellen.

3 Erbsenhülsen entfernen. Bohnenenden abknipsen und Bohnen in 2,5 cm lange Stücke schneiden. Die Zucchini längs halbieren und in Scheiben schneiden.

4 Das Olivenöl in einem großen Topf erhitzen. Den Knoblauch zufügen und unter Rühren 2 Minuten andünsten. Die Zwiebel zugeben und weitere 2 Minuten weich dünsten. Dann Karotten und Kartoffeln behutsam einrühren.

5 Die Brühe oder das Wasser zugießen und aufkochen. Die Hitze reduzieren, halb abdecken und 8 Minuten köcheln lassen, bis das Gemüse allmählich weich wird.

5

6 Erbsen, Bohnen, Zucchini, Bouquet garni, Tomate und Nudeln einrühren. Abschmecken und 8–10 Minuten kochen, bis das Gemüse und die Nudeln gar sind. Die Pistou-Sauce unterrühren und mit Parmesan servieren.

6

Kartoffelsuppe mit Brokkoli

Für 4 Personen

2 EL Olivenöl
2 Kartoffeln, gewürfelt
1 Zwiebel, gewürfelt
225 g Brokkoli, in Röschen zerteilt
125 g Blauschimmelkäse, zerbröckelt
1 l Gemüsebrühe
150 g Crème double
1 Prise Paprikapulver
Salz und Pfeffer

TIPP

Diese Suppe kann man gut einfrieren. Folgen Sie dafür dem Rezept bis zu Schritt 4 und frieren Sie die frisch pürierte Suppe ein. Crème double und Paprika erst kurz vor dem Servieren zugeben.

VARIATION

Statt des Blauschimmelkäses geriebenen reifen Cheddar verwenden.

1 Das Öl in einem Topf erhitzen, Kartoffeln und Zwiebel zugeben und 5 Minuten unter Rühren andünsten.

2 Ein paar Brokkoliröschen für die Garnierung zurückbehalten, die restlichen in den Topf geben. Käse und Gemüsebrühe zufügen.

3 Aufkochen, die Hitze reduzieren und die Mischung abgedeckt ca. 25 Minuten köcheln lassen, bis die Kartoffeln gar sind.

4 Die Suppe in eine Küchenmaschine oder einen Mixer geben und portionsweise zu einem glatten Püree verarbeiten. Man kann stattdessen auch das Gemüse mit einem Holzlöffel durch ein Sieb pressen.

5 Das Püree in einen sauberen Topf geben, Crème double und Paprikapulver zufügen und dann mit Salz und Pfeffer abschmecken.

6 Die zurückbehaltenen Brokkoliröschen in etwas kochendem Wasser ca. 2 Minuten blanchieren, dann mit einem Schaumlöffel herausheben.

7 Die Suppe in vorgewärmte Suppenteller geben, mit den Brokkoliröschen und etwas Paprikapulver garnieren und sofort servieren.

Erbsen-Joghurt-Suppe

Für 6 Personen

2 EL Ghee oder Sonnenblumenöl
2 Zwiebeln, grob gehackt
225 g Kartoffeln, grob gehackt
2 Knoblauchzehen, zerdrückt
2,5-cm-Stück Ingwerwurzel, gerieben
1 TL gemahlener Koriander
1 TL gemahlener Kreuzkümmel
1 EL Mehl
850 ml Gemüsebrühe
500 g Erbsen aus der Dose, abgetropft
2–3 EL frisch gehackte Minze
Salz und Pfeffer
150 g Naturjoghurt, plus etwas mehr, zum Servieren
½ TL Speisestärke
300 ml Magermilch
Minzeblätter, zum Garnieren

1 Das Ghee oder Öl in einem Topf erhitzen, Zwiebeln und Kartoffeln zugeben und bei schwacher Hitze 3 Minuten dünsten, bis die Zwiebeln glasig sind. Dabei gelegentlich umrühren.

2 Knoblauch, Ingwer, Koriander, Kreuzkümmel und Mehl einrühren und 1 Minute anschwitzen.

3 Gemüsebrühe, Erbsen und Minze zufügen und unter Rühren zum Kochen bringen. Die Hitze reduzieren, abdecken und 15 Minuten köcheln lassen, bis das Gemüse gar ist.

4 Die Suppe in einer Küchenmaschine pürieren. Dann in den Topf zurückgießen und mit Salz und Pfeffer abschmecken. Joghurt und Speisestärke verrühren und unter die Suppe mischen.

5 Die Milch zugießen und unter Rühren stark erhitzen. 2 Minuten leicht köcheln lassen. Die Suppe mit Minze und Joghurt garnieren und heiß servieren.

Geröstete Kürbis-Süßkartoffel-Suppe

Für 6 Personen

350 g Süßkartoffeln

1 kleiner Kürbis

4 Schalotten

Olivenöl

5–6 Knoblauchzehen, ungeschält

850 ml Hühnerbrühe

Salz und Pfeffer

125 g Schlagsahne

frischer Schnittlauch, zum Garnieren

1

3

4

1 Süßkartoffeln, Kürbis und Schalotten längs halbieren. Die Schnittflächen mit Olivenöl einpinseln.

2 Die Gemüsehälften mit der Schnittfläche nach unten in einen flachen Bräter legen. Die Knoblauchzehen zufügen. Im vorgeheizten Ofen bei 190 °C etwa 40 Minuten garen, bis das Gemüse weich und hellbraun ist.

3 Das Gemüse leicht abkühlen lassen, dann das Fleisch von den Süßkartoffel- und Kürbishälften aus den Schalen schaben und mit den Schalotten in einen großen Topf geben. Die weichen Knoblauchzehen aus den Schalen lösen und zum übrigen Gemüse geben.

4 Die Brühe und 1 Prise Salz zugeben. Kurz aufkochen. Bei halb aufgelegtem Deckel 30 Minuten köcheln lassen, bis das Gemüse weich ist. Gelegentlich umrühren.

5 Die Suppe leicht abkühlen lassen, dann portionsweise glatt pürieren. (Zum Pürieren in der Küchenmaschine die Kochflüssigkeit abgießen und auffangen. Die Feststoffe mit etwas Flüssigkeit zerkleinern. Danach wieder mit der Restflüssigkeit vermischen.)

6 Die Suppe in den Topf geben, die Sahne einrühren und bei geringer Hitze etwa 5–10 Minuten durchwärmen. Abschmecken, auf Teller verteilen, mit Schnittlauchröllchen garniert servieren.

Cremiger Kartoffelsalat

Für 4 Personen

700 g kleine neue Kartoffeln

8 Frühlingszwiebeln

1 Ei, hart gekocht (nach Belieben)

250 ml fettreduzierte Mayonnaise

1 TL Paprikapulver

Salz und Pfeffer

GARNIERUNG

2 EL Schnittlauchröllchen

1 Prise Paprikapulver

TIPP

Für ein leichteres Dressing kann man die Hälfte der Mayonnaise durch fettarmen Joghurt ersetzen.

1 Die Kartoffeln in sprudelndem Salzwasser 10–15 Minuten gar kochen.

2 Die Kartoffeln in einem Sieb gut abtropfen und unter kaltem Wasser vollständig abkühlen lassen. Dann erneut gründlich abtropfen lassen, in eine Schüssel geben und beiseite stellen.

3 Die Frühlingszwiebeln putzen und mit einem scharfen Messer diagonal in dünne Ringe schneiden. Sofern gewünscht, das Ei in kleine Würfel schneiden.

3

4

6

4 In einer Schüssel Mayonnaise und Paprika verrühren und mit Salz und Pfeffer abschmecken. Das Dressing über die Kartoffeln geben.

5 Frühlingszwiebeln und Ei hinzufügen und gut vermengen.

6 Den Kartoffelsalat in eine Salatschüssel geben, mit Schnittlauch und Paprika bestreuen, abdecken und bis zum Servieren kalt stellen.

Pikante Süßkartoffelscheiben

Für 4 Personen

450 g Süßkartoffeln

2 EL Sonnenblumenöl

1 TL Chilisauce

Salz und Pfeffer

TIPP

Für einen einfachen Dip 150 ml saure Sahne mit ½ TL Zucker und ½ TL Dijonsenf vermischen und mit Salz und Pfeffer abschmecken. In den Kühlschrank stellen und kurz vor dem Servieren herausholen.

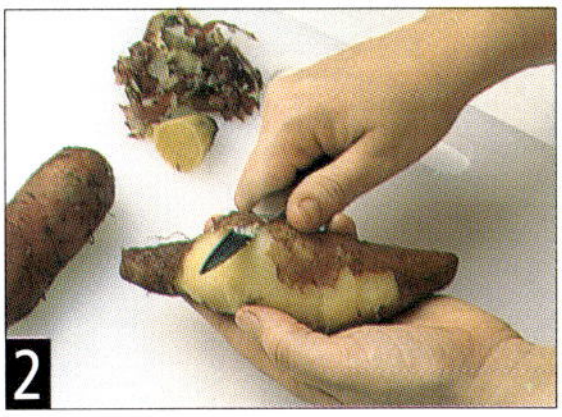

1 Wasser in einem großen Topf zum Kochen bringen und die Süßkartoffeln darin 10 Minuten vorkochen. Gründlich abgießen und auf ein Schneidebrett geben.

2 Süßkartoffeln schälen und in dicke Scheiben schneiden.

3 Sonnenblumenöl und Chilisauce in einer kleinen Schüssel gut vermischen und mit Salz und Pfeffer würzen.

4 Eine Seite der Süßkartoffeln großzügig mit der Würzmischung bestreichen. Mit der eingestrichenen Seite auf einen Holzkohlegrill legen und bei mittlerer Hitze 5–6 Minuten grillen.

5 Die Oberseite der Süßkartoffeln mit der Ölmischung bestreichen, wenden und weitere 5 Minuten grillen, bis sie knusprig und goldbraun sind.

6 Die Süßkartoffeln in einer vorgewärmten Schüssel servieren.

Salade Niçoise

Für 4 Personen

4 Eier
450 g neue Kartoffeln
120 g junge grüne Bohnen, geputzt und halbiert
2 Thunfischsteaks à 180 g
6 EL Olivenöl, plus etwas mehr zum Bestreichen
Salz und Pfeffer
1 Knoblauchzehe, zerdrückt
1½ TL Dijonsenf
2 TL Zitronensaft
2 EL frisch gehacktes Basilikum
2 kleine Köpfe Eisbergsalat
200 g Kirschtomaten, halbiert
180 g Salatgurke, geschält, halbiert und in Scheiben geschnitten
50 g schwarze Oliven, entsteint
50 g in Öl eingelegte Sardellen, abgetropft

1 Einen Topf mit Wasser zum Kochen bringen. Die Eier zugeben, aufkochen und 7–9 Minuten kochen (7 Minuten für ein weiches, 9 Minuten für ein hartes Ei). Abgießen und mit kaltem Wasser abschrecken. Beiseite stellen.

2 Die Kartoffeln 10–15 Minuten in sprudelndem Salzwasser garen. 3 Minuten vor Ende der Garzeit die Bohnen zugeben. Kartoffeln und Bohnen abgießen und unter kaltem Wasser abschrecken. Erneut abtropfen.

3 Die Thunfischsteaks waschen und trockentupfen. Beidseitig mit etwas Olivenöl bestreichen, salzen und pfeffern. In einer vorgeheizten Grillpfanne 2–3 Minuten von jeder Seite braten, sodass sie gar, aber in der Mitte noch rosa sind.

3

4 Knoblauch, Senf, Zitronensaft und Basilikum verrühren. Abschmecken und mit dem Olivenöl verrühren.

5 Für den Salat die Salatblätter trennen, in große Stücke zupfen und in eine Salatschüssel geben. Kartoffeln, Bohnen, Tomaten, Gurke und Oliven darüber geben und kurz durchheben. Die Eier schälen, längs vierteln und mit den Sardellen auf dem Salat anrichten. Die Thunfischsteaks zerkleinern und auf dem Salat anrichten.

5

6 Das Dressing über den Salat gießen und sofort servieren.

Kartoffel-Rucola-Apfel-Salat

Für 4 Personen

600 g ungeschälte Kartoffeln, in Scheiben

2 grüne Dessertäpfel, gewürfelt

1 TL Zitronensaft

25 g Walnusskerne, grob gehackt

125 g Ziegenkäse, gewürfelt

150 g Rucola

Salz und Pfeffer

DRESSING

2 EL Olivenöl

1 EL Rotweinessig

1 TL klarer Honig

1 TL Fenchelsamen

TIPP

Der Salat sollte nach der Zubereitung sofort serviert werden, damit sich die Äpfel nicht verfärben. Sie können den Salat zunächst auch ohne die Äpfel vorbereiten und diese dann erst unmittelbar vor dem Servieren zugeben.

1 Die Kartoffeln in einem großen Topf mit kochendem Wasser ca. 15 Minuten gar kochen. Abgießen und abkühlen lassen, danach in eine Schüssel geben.

2 Die Apfelwürfel in Zitronensaft wenden, abtropfen lassen und zu den Kartoffeln geben.

3 Nüsse, Käse und Rucola zufügen und alles gut vermischen.

4 Die Zutaten für das Dressing in einer kleinen Schüssel verrühren. Über den Salat gießen. Mit Salz und Pfeffer abschmecken und sofort servieren.

Salat aus Grillkartoffeln

Für 4 Personen

650 g neue Kartoffeln, gewaschen
3 EL Olivenöl
2 EL frisch gehackter Thymian
1 TL Paprikapulver
4 Scheiben Frühstücksspeck
Salz und Pfeffer
frische Petersilienzweige, zum Garnieren

DRESSING
4 EL Mayonnaise
1 EL Knoblauchessig
2 Knoblauchzehen, zerdrückt
1 EL frisch gehackte Petersilie

1 Die Kartoffeln in einem Topf mit kochendem Wasser 10 Minuten garen. Abgießen und gut abtropfen lassen.

2 Olivenöl, Thymian und Paprikapulver mischen und über die warmen Kartoffeln geben.

3 Den Frühstücksspeck unter den vorgeheizten Grill legen und ca. 5 Minuten knusprig rösten. Dabei einmal wenden. Danach grob hacken und warm stellen.

4 Die Kartoffeln unter einen Grill stellen und 10 Minuten rösten, dabei einmal wenden.

5 Die Zutaten für das Dressing in einer kleinen Schüssel gut vermischen. Kartoffeln und Speck in eine Salatschüssel geben und mit Salz und Pfeffer abschmecken.

6 Das Dressing über die Kartoffelmischung gießen, mit Petersilie garnieren und sofort servieren oder abkühlen lassen und kalt servieren.

2

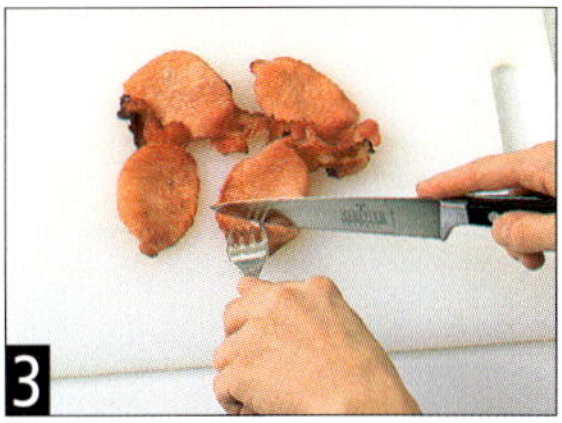
3

4

Gefüllte Teigtaschen

Für 4 Personen

225 g fest kochende Kartoffeln, gewürfelt
450 g junger Blattspinat
1 Tomate, entkernt und gehackt
1/2 TL Chilipulver
1/2 TL Zitronensaft
Salz und Pfeffer
225 g Frühlingsrollen-Teig
25 g Butter, zerlassen
frischer grüner Salat, zum Servieren

ZITRONENMAYONNAISE
150 ml Mayonnaise
2 TL Zitronensaft
geriebene Schale von 1 Zitrone

TIPP

Auf jeden Fall eine unbehandelte Zitrone verwenden.

1 Ein Backblech leicht mit Butter einfetten.

2 Die Kartoffeln in einem Topf mit kochendem Wasser 10 Minuten garen, bis sie weich sind. Dann gründlich abgießen und in eine Schüssel geben.

3 In der Zwischenzeit den Spinat mit 2 Esslöffeln Wasser in einen Topf geben und abgedeckt 2 Minuten dünsten, bis er leicht zusammengefallen ist. Gut abgießen und zu den Kartoffeln geben.

4 Tomate, Chilipulver und Zitronensaft zufügen, alles verrühren und gut mit Salz und Pfeffer abschmecken.

5 8 Teigblätter leicht mit Butter einpinseln und je 2 davon aufeinander legen. In ca. 20 cm x 10 cm große Rechtecke schneiden.

6 Die Kartoffel-Spinat-Füllung auf je eine Ecke des Teigrechtecks legen. Einen Zipfel des Teigs über die Füllung legen, das so entstandene Dreieck auf das freie Rechteck klappen und die verbliebene Ecke über die Teigtasche falten, sodass wieder ein Dreieck entsteht.

7 Die Teigtaschen auf das Backblech legen und im vorgeheizten Backofen bei 190 °C 20 Minuten goldbraun backen.

8 Für die Mayonnaise alle Zutaten in einer kleinen Schüssel verrühren. Die Teigtaschen warm oder kalt zusammen mit der Mayonnaise und frischem grünen Salat servieren.

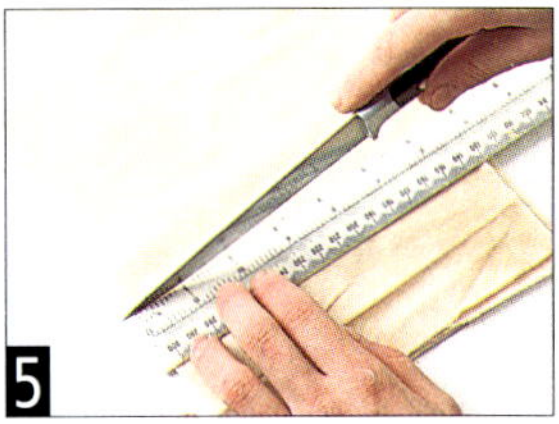
5

6

6

Gefüllte Kartoffeln mit Pesto

Für 4 Personen

4 Backkartoffeln à ca. 225 g
Salz
150 g Crème double
85 ml Gemüsebrühe
1 EL Zitronensaft
2 Knoblauchzehen, zerdrückt
3 EL frisch gehacktes Basilikum
2 EL Pinienkerne
Pfeffer
2 EL frisch geriebener Parmesan
frischer grüner Salat, zum Servieren

1 Die Kartoffeln gut waschen, rundum mit einer Gabel einstechen und die Schale mit etwas Salz einreiben. Auf ein Backblech legen.

2 Im vorgeheizten Backofen bei 190 °C ca. 1 Stunde backen.

3 Die Kartoffeln aus dem Ofen nehmen und der Länge nach halbieren. Die Kartoffelhälften mit einem Löffel aushöhlen, das Kartoffelinnere in eine Schüssel geben und zu Püree zerstampfen.

4 Inzwischen die Crème double mit der Brühe in einem Topf 8–10 Minuten köcheln lassen, bis die Flüssigkeit auf die Hälfte reduziert ist.

5 Zitronensaft, Knoblauch und Basilikum einrühren, Kartoffelpüree in den Topf geben, Pinienkerne zufügen und verrühren. Mit Salz und Pfeffer abschmecken.

6 Die Füllung in die Kartoffelhälften löffeln und mit Parmesan bestreuen. Zurück in den Ofen geben und noch einmal 10 Minuten backen, bis der Käse goldbraun ist. Mit frischem grünen Salat servieren.

3

4

6

Ofenkartoffeln mit Bohnen

Für 6 Personen

6 große Kartoffeln, gewaschen
4 EL Ghee oder Öl
1 große Zwiebel, gehackt
2 Knoblauchzehen, zerdrückt
1 TL gemahlene Kurkuma
1 EL Kreuzkümmel
2 EL milde oder mittelscharfe Currypaste
350 g Kirschtomaten
400 g Augenbohnen, abgespült und abgetropft
400 g rote Kidney-Bohnen aus der Dose, abgespült und abgetropft
1 EL Zitronensaft
2 EL Tomatenmark
150 ml Wasser
2 EL frisch gehackte Minze oder Koriander
Salz und Pfeffer

1 Kartoffeln mit einer Gabel einige Male einstechen. Im vorgeheizten Ofen bei 180 °C 1–1¼ Stunden backen, bis die Kartoffeln gar sind.

2 Ca. 20 Minuten vor dem Ende der Backzeit damit beginnen, die Bohnen zuzubereiten. Ghee oder Öl in einem Topf erhitzen, Zwiebel dazugeben und bei schwacher Hitze unter häufigem Rühren 5 Minuten anschwitzen. Knoblauch, Kurkuma, Kreuzkümmel und Currypaste dazugeben und 1 Minute leicht kochen lassen.

3 Tomaten, Augenbohnen und rote Kidney-Bohnen, Zitronensaft, Tomatenmark, Wasser und Minze einrühren. Mit Salz und Pfeffer gut abschmecken. Dann abdecken und bei schwacher Hitze unter häufigem Rühren 10 Minuten köcheln lassen.

4 Die Kartoffeln in Hälften schneiden und das Fruchtfleisch leicht mit einer Gabel zerdrücken. Vorbereitete Bohnenmischung darüber geben, auf vorgewärmte Teller verteilen und sofort servieren.

2

4

4

Gemüserösti mit Tomatensauce

Für 4 Personen

500 g fest kochende Kartoffeln
1 Karotte, gewürfelt
1 Selleriestange, gewürfelt
50 g Champignons, in Scheiben
1 Zwiebel, gewürfelt
2 Knoblauchzehen, zerdrückt
25 g Erbsen
50 g frisch geriebener Parmesan
Salz und Pfeffer
4 EL Pflanzenöl
25 g Butter

TOMATENSAUCE
300 ml passierte Tomaten
2 EL frisch gehackter Koriander
1 EL Worcestersauce
½ TL Chilipulver
2 TL brauner Zucker
2 TL mittelscharfer Senf
85 ml Gemüsebrühe

1 Die Kartoffeln in kochendem Wasser 10 Minuten garen, abgießen und abkühlen lassen. Inzwischen die Karotte in kochendem Wasser 5 Minuten blanchieren.

2 Wenn die Kartoffeln so weit abgekühlt sind, dass man sie anfassen kann, mit einer Reibe grob raspeln.

3 Die Karotte abgießen und mit Sellerie, Pilzen, Zwiebel, Knoblauch, Erbsen und Käse zu den Kartoffeln geben, mit Salz und Pfeffer gut abschmecken und mischen.

3

4 Alle Zutaten für die Sauce in einen Topf geben und kurz aufkochen. Die Hitze reduzieren und 15 Minuten köcheln lassen.

4

5 Die Kartoffelmischung in 8 ungefähr gleich große Portionen aufteilen und mit den Händen zu flachen Rösti formen.

5

6 Das Öl und die Butter in einer Pfanne erhitzen und die Rösti bei schwacher Hitze von beiden Seiten 4–5 Minuten braten, bis sie goldbraun und knusprig sind.

7 Die Rösti auf eine Servierplatte geben und sofort mit der Tomatensauce servieren.

TIPP

Sie können auch andere Gemüsemischungen verwenden; auch geräucherte oder gekochte Schinkenwürfel schmecken gut dazu.

Rösti mit Lachs & Crème fraîche

Für 4 Personen

450 g mehlig kochende Kartoffeln

2 Frühlingszwiebeln, gehackt

2 EL Mehl

½ TL Backpulver

2 Eier, verquirlt

Salz und Pfeffer

2 EL Pflanzenöl

frischer Schnittlauch, zum Garnieren

BELAG

150 g Crème fraîche

125 g Räucherlachs

1 Die Kartoffeln unter kaltem Wasser abspülen, abtropfen lassen und trockentupfen. Dann raspeln und in eine Schüssel geben.

2 Frühlingszwiebeln, Mehl, Backpulver und Eier zu den Kartoffeln geben und verrühren. Mit Salz und Pfeffer abschmecken.

3 1 Esslöffel Öl erhitzen, 4 Esslöffel der Kartoffelmischung in die Pfanne geben und glatt streichen. Die Mischung sollte etwa 16 Rösti ergeben. 5–7 Minuten goldbraun backen, einmal wenden. Abtropfen lassen.

4 Wiederholen und bei Bedarf restliches Öl zugeben, bis der ganze Teig aufgebraucht ist.

5 Räucherlachs und Crème fraîche auf die Rösti geben, mit Schnittlauch garnieren und heiß servieren.

Champignon-Paprika-Haschee

Für 4 Personen

700 g Kartoffeln, gewürfelt

1 EL Olivenöl

2 Knoblauchzehen, zerdrückt

je 1 grüne und gelbe Paprika, entkernt und gewürfelt

3 Tomaten, gewürfelt

100 g kleine Champignons, halbiert

1 EL Worcestersauce

2 EL frisch gehacktes Basilikum

Salz und Pfeffer

frische Basilikumblätter, zum Garnieren

warmes knuspriges Brot, zum Servieren

TIPP

Die meisten Worcestersaucen enthalten Sardellen – für Vegetarier gibt es aber auch rein vegetarische. Achten Sie auf die Etikettinformationen.

1 Die Kartoffeln 7–8 Minuten in sprudelndem Salzwasser kochen. Gründlich abtropfen lassen und beiseite stellen.

2 Das Öl in einer großen gusseisernen Pfanne erhitzen und die Kartoffeln 8–10 Minuten unter häufigem Wenden braten, bis sie gut gebräunt sind.

2

4

5

3 Knoblauch und Paprika zufügen, 2–3 Minuten mitschmoren.

4 Tomaten und Pilze zugeben und unter Rühren 5–6 Minuten mitschmoren.

5 Worcestersauce und Basilikum zugeben und mit Salz und Pfeffer abschmecken. Mit Basilikumblättern garnieren und zusammen mit dem Brot servieren.

Spinat-Gnocchi

Für 4 Personen

300 g mehlig kochende Kartoffeln

175 g junger Blattspinat

1 Eigelb

1 TL Olivenöl

125 g Mehl

Salz und Pfeffer

Spinatblätter, zum Garnieren

SAUCE

1 EL Olivenöl

2 Schalotten, gehackt

1 Knoblauchzehe, zerdrückt

300 ml passierte Tomaten

2 TL brauner Zucker

VARIATION

Wenn man statt des Spinats frisch gehackte Kräuter und Käse unter den Teig mischt, erhält man ebenfalls ein vorzügliches Gericht.

1 Die Kartoffeln in Würfel schneiden und in kochendem Wasser 10 Minuten garen. Gründlich abgießen und zu Püree zerstampfen.

2 Währenddessen den Spinat in einem separaten Topf 2 Minuten in kochendem Wasser blanchieren, abgießen und hacken.

3 Das Kartoffelpüree auf eine leicht bemehlte Arbeitsfläche geben und eine Vertiefung in die Mitte drücken. Eigelb, Öl, Spinat und etwas Mehl hineingeben und alles verkneten. Dabei allmählich mehr Mehl zufügen, bis ein fester Teig entsteht. Mit Salz und Pfeffer abschmecken und kleine Klößchen formen.

3

4 Die Gnocchi portionsweise jeweils ca. 5 Minuten in kochendem Salzwasser garen, bis sie an die Oberfläche steigen.

5 In der Zwischenzeit für die Sauce Öl, Schalotten, Knoblauch, Tomaten und Zucker in einen Topf geben und bei schwacher Hitze unter häufigem Rühren 10–15 Minuten köcheln lassen, bis die Sauce eingedickt ist.

6 Die Gnocchi mit einem Schaumlöffel herausheben und auf vorgewärmte Teller verteilen. Die Sauce darüber geben und mit frischen Spinatblättern garniert servieren.

3

6

Kartoffel-Blumenkohl-Fritters

Für 4 Personen

225 g mehlig kochende Kartoffeln, gewürfelt
225 g Blumenkohl, in Röschen
2 EL frisch geriebener Parmesan
Salz und Pfeffer
1 Ei
1 Eiweiß, zum Einpinseln
Öl, zum Frittieren
Paprikapulver, zum Garnieren (nach Belieben)
Frühstücksspeck, knusprig gebraten und in Stücke geschnitten

1 Die Kartoffeln in einem Topf mit kochendem Wasser 10 Minuten garen, bis sie weich sind. Dann abgießen und zu einem weichen Püree zerstampfen.

2 Den Blumenkohl in einem separaten Topf ebenfalls 10 Minuten in kochendem Wasser garen.

3 Den Blumenkohl abgießen und unter die Kartoffelmasse rühren. Den Parmesan einrühren und mit Salz und Pfeffer abschmecken.

4 Das Ei trennen. Den Eidotter mit der Kartoffel-Blumenkohl-Mischung verrühren.

5 Die beiden Eiweiß in einer Schüssel verquirlen, dann unter die Kartoffelmasse heben.

6 Die Kartoffelmasse in 8 gleiche Portionen aufteilen und diese zu Klößen formen.

7 Das Öl in einer Pfanne erhitzen und die Fritters darin 3–5 Minuten goldbraun ausbacken. Dabei einmal wenden. Nach Belieben mit etwas Paprikapulver garnieren und mit Frühstücksspeck servieren.

Kartoffelfritters mit Knoblauchsauce

Für 4 Personen

500 g fest kochende Kartoffeln, grob gewürfelt
125 g frisch geriebener Parmesan
Öl, zum Frittieren

TEIG
50 g Mehl
1 Ei
150 ml Milch

SAUCE
25 g Butter
1 Zwiebel, halbiert und in Ringen
2 Knoblauchzehen, zerdrückt
25 g Mehl
300 ml Milch
1 EL frisch gehackte Petersilie

1 Für die Sauce die Butter in einer Pfanne zerlassen und die Zwiebel und den Knoblauch darin unter Rühren 2–3 Minuten andünsten. Dann das Mehl zugeben und noch 1 weitere Minute unter Rühren dünsten.

2 Vom Herd nehmen und die Milch und die Petersilie einrühren. Auf die Kochstelle zurückstellen und einmal kurz aufkochen. Warm stellen.

3 Inzwischen die Kartoffeln in einem Topf mit kochendem Wasser nur 5–10 Minuten garen, sodass sie noch fest sind.

4 Die Kartoffeln abgießen und in dem Parmesan wenden.

5 Für den Teig das Mehl in eine Schüssel geben. Nach und nach das Ei und die Milch einrühren, bis ein glatter Teig entsteht. Die Kartoffelwürfel in dem Teig wenden.

6 Das Öl auf 180–190 °C erhitzen, bis ein Brotwürfel darin in 30 Sekunden goldbraun ist. Die Fritters darin 3–4 Minuten goldbraun frittieren.

5

7

7 Die Fritters mit einem Schaumlöffel herausheben, gut abtropfen lassen und in einer Schüssel servieren. Dazu die Sauce reichen.

Kartoffelpüree-Trio

Für 4 Personen

300 g mehlig kochende Kartoffeln, grob gehackt
125 g Steckrüben, grob gehackt
1 Karotte, gehackt
450 g frischer Spinat
1 EL Milch
15 g Butter
25 g Mehl
1 Ei
½ TL gemahlener Zimt
Salz und Pfeffer
1 EL Orangensaft
1 Prise frisch geriebene Muskatnuss
Karottenstifte, zum Garnieren

1 Mit Butter 4 150-ml-Backförmchen gut einfetten.

2 Kartoffeln, Steckrübe und Karotte in separaten Töpfen mit kochendem Wasser jeweils 10 Minuten garen und dann gründlich abgießen. Den Spinat in etwas kochendem Wasser 5 Minuten blanchieren und behutsam abgießen.

3 Die Kartoffeln mit der Milch und der Butter zu einem glatten Püree verarbeiten. Dann das Mehl und das Ei unterrühren.

4 Das Kartoffelpüree in 3 gleich große Portionen teilen und in separate Schüsseln geben. Die erste Portion mit den Steckrüben verrühren, die zweite mit der Karotte und die letzte mit dem Spinat.

5 Die Steckrübenmischung mit Zimt, Salz und Pfeffer würzen, die Karottenmischung mit dem Orangensaft und die Spinatmischung mit der Muskatnuss.

6 Jeweils eine Schicht der Steckrübenmischung in die Förmchen geben und glatt streichen. Den Vorgang mit der Spinat- und der Karottenmischung wiederholen. Dann die Förmchen mit Alufolie abdecken und in einen flachen Bräter geben. Den Bräter bis zur Hälfte mit kochendem Wasser füllen und die Pürees im vorgeheizten Backofen bei 180 °C ca. 40 Minuten backen.

7 Die Förmchen vorsichtig auf einen Servierteller stürzen, mit den Karottenstiften garnieren und sofort servieren.

4

6

6

Colcannon

Für 4 Personen

- 225 g Wirsing oder Spitzkohl, klein geschnitten
- 85 ml Milch
- 250 g mehlig kochende Kartoffeln, gewürfelt
- 1 große Porreestange, in Ringen
- 1 Prise frisch geriebene Muskatnuss
- Salz und Pfeffer
- 1 EL Butter, zerlassen

TIPP

Da das ganze Jahr über verschiedene Kohlsorten frisch erhältlich sind, können Sie dieses Rezept jeweils nach dem aktuellem Angebot stets neu variieren.

1 Wirsing oder Spitzkohl in einem Topf mit kochendem Salzwasser 7–10 Minuten blanchieren, abtropfen lassen und beiseite stellen.

2 In der Zwischenzeit die Milch in einem anderen Topf kurz aufkochen und dann Kartoffeln und Porree zufügen. Die Hitze reduzieren und 15–20 Minuten köcheln lassen, bis die Kartoffeln gar sind.

3 Muskatnuss zu den Kartoffeln und dem Porree geben und alles grob zerstampfen.

4 Den abgetropften Kohl zufügen und alles gut verrühren.

5 Die Kartoffel-Kohl-Mischung mit Salz und Pfeffer abschmecken, in eine Servierschüssel geben und mit dem Löffelrücken eine Vertiefung in die Mitte drücken.

6 Die zerlassene Butter in die Vertiefung geben und sofort servieren.

Spanische Kartoffeln

Für 4 Personen

2 EL Olivenöl

450 g kleine neue Kartoffeln, halbiert

1 Zwiebel, halbiert und in Ringen

1 grüne Paprika, in Streifen

1 TL Chilipulver

1 TL Senf

300 ml passierte Tomaten

300 ml Gemüsebrühe

Salz und Pfeffer

frisch gehackte Petersilie, zum Garnieren

TIPP

In Spanien werden Tapas traditionell zum Aperitif gereicht, z. B. zu einem kühlen Glas Sherry.

1 Das Olivenöl in einer Pfanne erhitzen und Kartoffeln und Zwiebel zugeben. 4–5 Minuten dünsten, dabei häufig umrühren, bis die Zwiebel glasig geworden ist.

2 Paprika, Chilipulver und Senf zufügen und weitere 2–3 Minuten rösten.

3 Passierte Tomaten und Gemüsebrühe zugießen und kurz aufkochen. Die Hitze reduzieren und 25 Minuten köcheln lassen, bis die Kartoffeln gar sind. Mit Salz und Pfeffer gut abschmecken.

4 In eine Servierschüssel geben, mit der Petersilie bestreuen und heiß servieren. Sie können das Gericht auch kalt genießen.

Frittierte Kartoffeln in Käse-Soufflé-Hülle

Für 4 Personen

1 kg Kartoffeln, in großen Stücken
200 g Crème double
75 g geriebener Gruyère
1 Prise Cayennepfeffer
Salz und Pfeffer
2 Eiweiß
Öl, zum Frittieren
GARNIERUNG
frisch gehackte glatte Petersilie
geriebener Käse

VARIATION

Verfeinern Sie die Käse-Sahne-Mischung mit geriebener Muskatnuss oder Currypulver.

TIPP

Gruyère hat einen süßen, nussigen Geschmack und lässt sich leicht schmelzen. Achten Sie darauf, eine echte schweizerische Sorte mit nur wenigen kleinen Löchern zu bekommen – die Herkunft sollte ausgewiesen sein.

1 Die Kartoffeln 10 Minuten in Salzwasser kochen. Gründlich abgießen und mit Küchenpapier abtrocknen. Bis zur weiteren Verwendung beiseite stellen.

2 Crème double und Gruyère in einer großen Schüssel vermengen. Den Cayennepfeffer zugeben und mit Salz und Pfeffer abschmecken.

2

3 Eiweiß steif schlagen. Unter die Käsemischung heben, dabei darauf achten, dass alles gut vermischt wird.

3

4 Die Kartoffeln zugeben und mit der Käsemischung überziehen.

4

5 Das Frittieröl auf 180 °C erhitzen, sodass ein Brotwürfel darin innerhalb von 30 Sekunden braun wird. Die Kartoffeln mit einem Schaumlöffel aus der Käsemischung nehmen und im Öl 3–4 Minuten frittieren, bis sie goldbraun sind.

6 Auf einer Servierplatte anrichten und mit Petersilie und geriebenem Käse bestreuen. Sofort servieren.

Dauphine-Kartoffeln

Für 4 Personen

15 g Butter

675 g fest kochende Kartoffeln, in Scheiben

2 Knoblauchzehen, zerdrückt

1 rote Zwiebel, gehackt

75 g Gruyère, gerieben

Salz und Pfeffer

300 g Crème double

TIPP

Es gibt viele Versionen dieses klassischen gehaltvollen Rezeptes, doch alle enthalten Crème double. Unbedingt eine flache Form verwenden, damit eine knusprige goldbraune Kruste entsteht!

1 Den Boden einer 1-l-Auflaufform mit etwas Butter einfetten.

2 Die Kartoffelscheiben in einer dünnen Schicht auf dem Boden der Auflaufform verteilen.

3 Etwas Knoblauch, Zwiebel und Käse darüber geben. Mit Salz und Pfeffer abschmecken.

4 Alle Zutaten in dieser Reihenfolge mehrfach aufeinander schichten

und mit einer Schicht Kartoffeln abschließen. Mit Käse bestreuen.

5 Mit der Crème double übergießen und im vorgeheizten Ofen bei 180 °C 1½ Stunden backen, bis die Kartoffeln auf der Oberseite knusprig braun geworden sind. In der Auflaufform sofort servieren.

Parmesankartoffeln

Für 4 Personen

1,3 kg Kartoffeln

50 g frisch geriebener Parmesan

1 Prise frisch geriebene Muskatnuss

1 EL frisch gehackte Petersilie

Öl, zum Braten

4 Scheiben geräucherter Speck, in Streifen

Salz

1 Die Kartoffeln längs halbieren und in einem Topf mit kochendem Salzwasser 10 Minuten garen. Gründlich abgießen.

2 Parmesan, Muskatnuss und Petersilie in einer kleinen Schüssel gut vermischen.

3 Die Kartoffelstücke in der Käsemischung wenden, überschüssigen Käse abschütteln.

4 Ein wenig Öl in einen Bräter geben und im vorgeheizten Backofen bei 200 °C 10 Minuten erhitzen. Die Kartoffeln hineingeben und ca. 30 Minuten rösten, dabei einmal wenden.

5 Den Bräter aus dem Ofen nehmen, den Speck über die Kartoffeln geben, dann weitere 15 Minuten rösten, bis Kartoffeln und Speck goldbraun sind. Überschüssiges Fett abtropfen lassen und sofort servieren.

VARIATION

Nehmen Sie statt des Specks Salami oder luftgetrockneten Parmaschinken. Diese sollten jedoch erst 5 Minuten vor Ende der Backzeit zugegeben werden.

3

4

5

Überbackene Kartoffelschiffchen

Für 4 Personen

8 kleine neue Kartoffeln, gewaschen
2 EL Butter, zerlassen
Salz und Pfeffer
FÜLLUNG (nach Belieben)
6 Frühlingszwiebeln, in Ringe geschnitten
2 EL geriebener Gruyère
50 g Salami, in dünne Streifen geschnitten

TIPP
Man kann die Schiffchen alleine oder auch mit einem Dip servieren. Versuchen Sie einen pikanten Tomaten-Hummus-Dip.

1 Den Backofen auf 200 °C vorheizen. Die Kartoffeln mit einer Gabel einstechen und 1 Stunde backen, bis sie gar sind. Alternativ 12–15 Minuten bei hoher Leistung in der Mikrowelle garen.

2 Die Kartoffeln halbieren und das Fruchtfleisch bis auf eine 5 mm dicke Schicht auslösen.

3 Das Innere der Schalen mit zerlassener Butter ausstreichen.

4 10–15 Minuten mit der offenen Seite nach unten unter einem vorgeheizten Grill oder auf einem Holzkohlegrill grillen.

5 Die Kartoffelhälften umdrehen und weitere 5 Minuten knusprig grillen. Darauf achten, dass sie nicht verbrennen.

6 Die Schiffchen gut mit Salz und Pfeffer würzen und sofort servieren.

7 Je nach Geschmack kann man die Schiffchen mit verschiedenen Zutaten füllen. Dafür die Schalen wie beschrieben 10 Minuten grillen. Dann mit der offenen Seite nach oben legen und mit Frühlingszwiebeln, geriebenem Käse und Salami füllen. Weitere 5 Minuten grillen, bis der Käse zu schmelzen beginnt. Heiß servieren.

Süßkartoffel-Kroketten

Für 4 Personen

900 g Süßkartoffeln
4 TL Sonnenblumenöl
2 Porreestangen, in dünnen Ringen
2,5-cm-Stück Ingwerwurzel, fein gehackt
1 Knoblauchzehe, zerdrückt
2 EL Naturjoghurt
200 g Maiskörner aus der Dose, abgetropft
Salz und Pfeffer
60 g Vollkornmehl

INGWERSAUCE
2 EL Weißweinessig
2 TL Zucker
1 rote Chili, entkernt und fein gehackt
2,5-cm-Stück Ingwerwurzel, in dünne Streifen geschnitten
2 EL Ingwerwein
1 TL Speisestärke
4 EL Gemüsebrühe

ZUM SERVIEREN
Salatblätter
Frühlingszwiebeln, in feinen Streifen

1 Süßkartoffeln schälen und in Scheiben schneiden. 10–15 Minuten garen. Abgießen und stampfen, dann abkühlen lassen.

2 2 Teelöffel Öl erhitzen. Porree, Ingwer und Knoblauch 2–3 Minuten dünsten, mit Joghurt und Mais zu den Kartoffeln geben und verkneten, salzen und pfeffern. Aus dem Teig 8 Kroketten formen und in Mehl wenden. 30 Minuten kalt stellen. Den Grill vorheizen.

3 Kroketten mit dem übrigen Öl bestreichen und von jeder Seite 5 Minuten grillen. Für die Sauce Essig, Zucker, Chili und Ingwer aufkochen, 5 Minuten köcheln lassen. Den Ingwerwein einrühren. Speisestärke und Brühe mischen und an die Sauce geben. Unter Rühren aufkochen, bis die Sauce eindickt. Mit Salat und Frühlingszwiebeln garniert mit der Sauce servieren.

1

2

2

Kartoffel-Pilz-Puffer

Für 4 Personen

450 g mehlig kochende Kartoffeln, gewürfelt
25 g Butter
175 g gemischte Pilze, gehackt
2 Knoblauchzehen, zerdrückt
1 Ei, leicht verquirlt
1 EL frisch gehackter Schnittlauch, plus etwas mehr zum Garnieren
Salz und Pfeffer
Mehl, zum Bestäuben
Öl, zum Frittieren
frischer Blattsalat, zum Servieren

1 Die Kartoffeln in einem Topf mit kochendem Wasser 10 Minuten garen, bis sie weich sind.

2 Die Kartoffeln abgießen und zu einem glatten Brei zerstampfen.

3 Unterdessen die Butter in einer Pfanne zerlassen und die Pilze mit dem Knoblauch darin 5 Minuten dünsten. Gelegentlich umrühren. Herausheben und gut abtropfen lassen.

4 Pilze, Knoblauch, Ei und Schnittlauch unter die Kartoffelmasse mischen und dann mit etwas Salz und Pfeffer abschmecken.

5 Die fertige Kartoffel-Pilz-Masse in 4 gleich große Portionen aufteilen, diese zu Puffern formen und sorgfältig in Mehl wenden.

6 Das Öl in einem Topf oder einer Fritteuse auf 180–190 °C erhitzen und die Puffer darin je 10 Minuten bei mittlerer Hitze frittieren. Dabei einmal wenden. Mit Schnittlauch garnieren und sofort servieren. Dazu frischen Blattsalat reichen.

3

4

6

Kalbfleisch auf italienische Art

Für 4 Personen

60 g Butter

1 EL Olivenöl

675 g Kartoffeln, gewürfelt

4 Kalbsschnitzel à ca. 175 g

1 Zwiebel, geachtelt

2 Knoblauchzehen, zerdrückt

2 EL Mehl

2 EL Tomatenmark

150 ml Rotwein

300 ml Hühnerbrühe

8 vollreife Tomaten, gehäutet, entkernt und gewürfelt

25 g entsteinte Oliven, halbiert

2 EL frisch gehacktes Basilikum

Salz und Pfeffer

frisches Basilikum, zum Garnieren (nach Belieben)

TIPP

Für eine kürzere Kochzeit und ganz zartes Fleisch bearbeiten Sie das Fleisch vor dem Zubereiten leicht mit einem Fleischklopfer.

1 Butter und Öl in einer großen Pfanne erhitzen, die Kartoffeln zufügen und unter ständigem Rühren 5–7 Minuten leicht braun anbraten.

2 Die Kartoffeln mit einem Schaumlöffel herausheben, auf Küchenpapier abtropfen lassen und beiseite stellen.

3 Das Fleisch in die Pfanne geben und 2–3 Minuten von jeder Seite scharf anbraten. Herausheben und beiseite stellen.

3

4 Zwiebel und Knoblauch in die Pfanne geben und 2–3 Minuten glasig dünsten.

5 Mehl und Tomatenmark einrühren und 1 Minute unter Rühren weiter dünsten. Rotwein und Hühnerbrühe zugießen und zu einer glatten Sauce verrühren.

5

6 Kartoffeln und Fleisch zugeben, Tomaten, Oliven und Basilikum unterrühren. Mit Salz und Pfeffer abschmecken.

6

7 In eine Auflaufform geben und im vorgeheizten Ofen bei 180 °C 1 Stunde backen, bis die Kartoffeln und das Fleisch gar sind. Nach Geschmack mit Basilikum garnieren und servieren.

Tomaten-Bratwurst-Pfanne

Für 4 Personen

600 g Kartoffeln, in Scheiben
1 EL Pflanzenöl
8 Bratwürste
1 rote Zwiebel, geachtelt
1 EL Tomatenmark
150 ml Rotwein
150 ml passierte Tomaten
2 große Tomaten, geachtelt
175 g Brokkoli, in Röschen zerteilt, blanchiert
2 EL frisch gehacktes Basilikum
Salz und Pfeffer
frisch gezupftes Basilikum, zum Garnieren

1 Die Kartoffeln in einem Topf mit kochendem Wasser 7 Minuten garen. Gründlich abgießen und beiseite stellen.

2 Unterdessen das Öl in einer Pfanne erhitzen und die Würste darin 5 Minuten braten, dabei häufig wenden.

3 Die Zwiebel zugeben und weitere 5 Minuten dünsten, dabei häufig umrühren.

4 Tomatenmark, Rotwein und passierte Tomaten einrühren. Tomatenachtel, Brokkoli und Basilikum zugeben und vorsichtig umrühren.

5 Die Kartoffeln zufügen und weitere 10 Minuten dünsten, bis die Würste gar sind. Mit Salz und Pfeffer abschmecken.

6 Die fertige Tomaten-Bratwurst-Pfanne mit frischem Basilikum garnieren und sofort servieren.

3

4

Kartoffel-Fleisch-Topf mit Erdnüssen

Für 4 Personen

1 EL Pflanzenöl
60 g Butter
450 g mageres Rindersteak, in dünnen Streifen
1 Zwiebel, halbiert und in Ringen
2 Knoblauchzehen, zerdrückt
2 große fest kochende Kartoffeln, gewürfelt
½ TL Paprikapulver
4 EL grobe Erdnussbutter
600 ml Rinderbrühe
25 g ungesalzene Erdnüsse
2 TL helle Sojasauce
50 g Zuckererbsen
1 rote Paprika, in dünnen Streifen
Petersilienzweige, zum Garnieren (nach Belieben)

1 Öl und Butter in einem großen Topf erhitzen.

2 Das Fleisch zufügen und bei schwacher Hitze unter ständigem Rühren 3–4 Minuten anbraten, bis sich die Poren geschlossen haben.

3 Zwiebel und Knoblauch zufügen und weitere 2 Minuten braten.

4 Die Kartoffeln zugeben und weitere 3–4 Minuten braten, bis sie leicht braun zu werden beginnen.

5 Paprikapulver und Erdnussbutter zugeben und nach und nach die Rinderbrühe einrühren. Kurz aufkochen und dabei rühren.

6 Erdnüsse, Sojasauce, Zuckererbsen und Paprika zufügen.

7 Deckel auflegen und bei schwacher Hitze 45 Minuten ziehen lassen, bis das Fleisch gar ist.

8 Nach Belieben mit Petersilie garnieren und servieren.

2

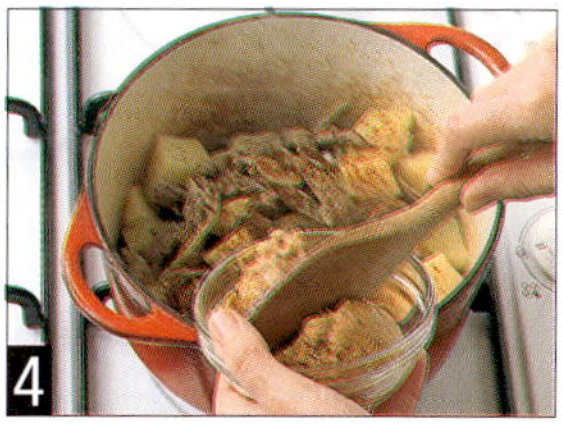

4

5

Gefüllte Pasteten

Für 4 Personen

225 g fest kochende Kartoffeln, gewürfelt
1 kleine Karotte, gewürfelt
225 g Rindersteak, gewürfelt
1 Porreestange, in Ringen
Salz und Pfeffer
225 g salziger Mürbeteig
15 g Butter
1 Ei, verquirlt
Zwiebelsauce oder grüner Salat, zum Servieren

1 Ein Backblech leicht einfetten. Kartoffeln, Karotte, Fleisch und Porree in einer Schüssel gut mischen. Mit Salz und Pfeffer abschmecken.

2 Den Mürbeteig in 4 gleich große Portionen aufteilen und auf einer leicht bemehlten Arbeitsfläche zu 4 runden Fladen von ca. 20 cm Ø ausrollen.

3 Die Füllung jeweils auf den Fladen verteilen, dabei einen ca. 1 cm breiten Rand lassen. Auf jeden Fladen ein Viertel der Butter geben. Den Teigrand mit etwas Ei einpinseln.

4 Den Teig über der Füllung zusammenklappen und an den Rändern gut andrücken.

5 Die Pasteten auf das Backblech legen und mit dem restlichen Ei einpinseln.

6 Im vorgeheizten Backofen bei 200 °C 20 Minuten backen, dann die Temperatur auf 160 °C reduzieren und weitere 30 Minuten backen.

7 Die Pasteten mit Zwiebelsauce oder knackigem grünen Salat servieren.

1

3

4

Auflauf mit Bratwurst & Porree

Für 4 Personen

2 große fest kochende Kartoffeln, ungeschält und in Scheiben

25 g Butter

4 große Schweinswürste mit Kräutern

1 Porreestange, in Ringen

2 Knoblauchzehen, zerdrückt

150 ml Gemüsebrühe

150 ml trockener Cidre oder Apfelsaft

2 EL frisch gehackter Salbei

Salz und Pfeffer

2 EL Speisestärke

4 EL Wasser

75 g reifer kräftiger Käse, gerieben

1 Die Kartoffeln in einem Topf mit kochendem Wasser 10 Minuten garen. Gründlich abgießen und beiseite stellen.

2 Unterdessen die Butter in einer Pfanne zerlassen und die Würste darin 8–10 Minuten von allen Seiten braun braten. Aus der Pfanne heben und in dicke Scheiben schneiden.

3 Porree, Knoblauch und Wurstscheiben in die Pfanne geben und 2–3 Minuten dünsten.

4 Brühe, Apfelsaft oder Cidre zugießen und mit Salbei, Salz und Pfeffer abschmecken. Die Speisestärke mit dem Wasser verrühren, in die Pfanne geben und unter Rühren aufkochen, bis die Sauce eingedickt ist. Die Mischung in eine große Auflaufform geben.

5 Die Kartoffelscheiben darüber schichten, bis das Fleisch ganz bedeckt ist. Mit Salz und Pfeffer abschmecken und mit Käse bestreuen.

6 Im vorgeheizten Backofen bei 190 °C 25–30 Minuten backen, bis die Kartoffeln gar sind und der Käse oben goldbraun ist. In der Auflaufform heiß servieren.

Pastete mit Fleisch & Nierchen

Für 4 Personen

225 g fest kochende Kartoffeln, gewürfelt
25 g Butter
450 g mageres Rindersteak, gewürfelt
150 g Rinderniere, geputzt und gewürfelt
12 Schalotten
25 g Mehl
150 ml Rinderbrühe
150 ml Bock- oder Altbier
Salz und Pfeffer
225 g Blätterteig
1 Ei, verquirlt

1 Die Kartoffeln in einem Topf mit kochendem Wasser 10 Minuten garen. Gründlich abgießen.

2 Unterdessen die Butter in einem Topf zerlassen, unter ständigem Rühren Fleisch und Nieren zufügen und ca. 5 Minuten anbraten, bis sie von allen Seiten gut gebräunt sind.

3 Die Schalotten zugeben und weitere 3–4 Minuten dünsten. Das Mehl einrühren und 1 Minute weiter dünsten. Unter ständigem Rühren nach und nach Brühe und Bier zugießen und kurz aufkochen.

4 Die Kartoffeln zugeben und abschmecken. Die Hitze reduzieren, bis die Mischung leicht köchelt, dann abgedeckt 1 Stunde ziehen lassen. Gelegentlich rühren.

5 Die Kartoffel-Fleisch-Mischung in eine Pastetenform geben. Den Blätterteig auf einer leicht bemehlten Arbeitsfläche ausrollen, bis er rundum ca. 1 cm breiter ist als die Form.

6 Einen Teigstreifen so zuschneiden, dass er um den Rand der Form passt. Den Rand der Form mit dem Ei einpinseln, den Teigstreifen rund um den oberen Innenrand der Form legen und sorgfältig andrücken. Dann die Teigplatte darüber legen und am Rand fest andrücken. Mit dem Ei gut einpinseln.

7 Die Kartoffel-Fleisch-Pastete im vorgeheizten Backofen bei 230 °C 15–20 Minuten backen, bis der Teig aufgegangen und goldbraun ist. Das fertige Gericht herausnehmen und direkt aus der Form servieren.

2

4

6

Schneller Geflügelauflauf

Für 4 Personen

500 g Hühnerfleisch, durch den Fleischwolf gedreht
1 große Zwiebel, fein gehackt
2 Karotten, fein gewürfelt
2 EL Mehl
1 EL Tomatenmark
300 ml Hühnerbrühe
Salz und Pfeffer
1 Prise frischer Thymian
1 kg Kartoffeln, mit Butter und Milch püriert und gewürzt
100 g Lancashire-Käse oder Emmentaler, gerieben
Erbsen, zum Servieren

1 Das Hühnerhack, die Zwiebel und die Karotten in einer beschichteten Pfanne 5 Minuten unter Rühren scharf anbraten.

2 Die Mischung mit dem Mehl bestäuben und bei geringer Hitze weitere 2 Minuten braten.

3 Nach und nach das Tomatenmark und die Brühe zugeben. Alles 15 Minuten köcheln lassen, dann abschmecken und den Thymian zugeben.

4 Die Fleisch-Gemüse-Mischung in eine Auflaufform geben und abkühlen lassen.

5 Das Kartoffelpüree über der Fleisch-Gemüse-Mischung verteilen und mit dem Käse bestreuen. Dann in einem auf 200 °C vorgeheizten Ofen so lange backen, bis der Käse goldbraun ist und Blasen wirft. Heiß mit Erbsen servieren.

Hähnchen-Kartoffel-Pfanne

Für 4 Personen

2 EL Pflanzenöl

60 g Butter

4 Hähnchenteile à ca. 225 g

2 Porreestangen, in Ringen

1 Knoblauchzehe, zerdrückt

4 EL Mehl

900 ml Hühnerbrühe

300 ml trockener Weißwein

Salz und Pfeffer

125 g Karotten, längs halbiert

125 g Babymaiskolben, längs halbiert

450 g kleine neue Kartoffeln

1 Bouquet garni

150 g Crème double

Reis oder gedünstetes Gemüse, zum Garnieren

1 Öl und Butter in einer Pfanne erhitzen, das Fleisch zufügen und 10 Minuten anbraten, dabei oft wenden. Mit einem Schaumlöffel herausheben und in eine feuerfeste Kasserolle geben.

2 Porree und Knoblauch in die Pfanne geben und unter Rühren 2–3 Minuten dünsten. Mehl einrühren und 1 weitere Minute anschwitzen. Die Pfanne vom Herd nehmen, Brühe und Wein einrühren. Abschmecken.

3 Die Pfanne wieder auf den Herd stellen und die Flüssigkeit kurz aufkochen. Karotten, Mais, Kartoffeln und das Kräutersträußchen zugeben.

4 Die Mischung in die Kasserolle füllen, Deckel auflegen und in den auf 180 °C vorgeheizten Backofen stellen.

5 Nach 1 Stunde Garzeit den Deckel entfernen, Crème double einrühren und weitere 15 Minuten schmoren. Das Kräutersträußchen herausnehmen und wegwerfen. Wenn nötig, noch einmal mit Salz und Pfeffer abschmecken. Die Kartoffelpfanne mit Reis oder gedünstetem Gemüse, z. B. Brokkoli, servieren.

1

2

Pastete mit Porree & Hähnchen

Für 4 Personen

225 g fest kochende Kartoffeln

60 g Butter

1 Hähnchenbrustfilet ohne Haut, gewürfelt (ca. 175 g)

1 Porreestange, in Ringen

150 g braune Champignons, in Scheiben

25 g Mehl

300 ml Milch

1 EL Dijonsenf

2 EL frisch gehackter Salbei

Salz und Pfeffer

225 g Frühlingsrollen-Teig

40 g Butter, zerlassen

1 Die Kartoffeln würfeln und in einem Topf mit kochendem Wasser 5 Minuten garen, abgießen und beiseite stellen.

2 Die Butter in einer Pfanne zerlassen und die Fleischwürfel darin 5 Minuten bräunen.

3 Porree und Pilze zufügen und weitere 3 Minuten dünsten, dabei umrühren. Das Mehl einrühren und 1 weitere Minute dünsten, dann nach und nach die Milch zugießen. Unter Rühren aufkochen. Die Hitze reduzieren, Senf, Salbei und Kartoffeln einrühren und 10 Minuten köcheln. Abschmecken.

4 Unterdessen eine tiefe Auflaufform mit der Hälfte des Teigs auslegen. Die Mischung hineingeben, mit einer Lage Teig abdecken und diese mit der zerlassenen Butter einpinseln. Eine weitere Lage Teig darüber legen und ebenfalls mit Butter einpinseln.

5 Den restlichen Teig in Streifen schneiden und in rüschenartig gefalteten Lagen auf die Pastete legen. Die Teigstreifen mit der Butter einpinseln und alles im vorgeheizten Backofen bei 180 °C ca. 45 Minuten goldgelb und knusprig backen. Heiß servieren.

TIPP

Wenn die Oberfläche zu schnell braun wird, decken Sie die Pastete nach der halben Backzeit oben mit Alufolie ab. Dadurch kann sie durchgaren, ohne oben anzubrennen.

Frittierte Fischbällchen

Für 6 Personen

450 g Stockfisch

350 g mehlig kochende Kartoffeln

Olivenöl, zum Frittieren

1 Zwiebel, sehr fein gehackt

1 Knoblauchzehe, zerdrückt

4 EL frisch gehackte Petersilie oder frisch gehackter Koriander

1 EL eingelegte Kapern, abgetropft und fein gehackt

Pfeffer

1 Ei, leicht verquirlt

frische glatte Petersilie, zum Garnieren

Aioli, zum Servieren

1 Den Stockfisch in Stücke brechen und in eine Schüssel geben. Mit Wasser bedecken und für 48 Stunden stehen lassen, das Wasser dabei viermal wechseln.

2 Den Fisch abtropfen lassen und in kochendem Wasser 20–25 Minuten garen. Abgießen, Haut und Gräten entfernen. Mit einer Gabel den Fisch in sehr kleine Stücke zerteilen.

3 Unterdessen die Kartoffeln mit Schale kochen. Abgießen, pellen und zerstampfen. Beiseite stellen.

4 1 Esslöffel Öl in einer Pfanne erhitzen. Zwiebel und Knoblauch zufügen und unter Rühren 2 Minuten dünsten, bis sie weich sind. Mit einem Schaumlöffel herausheben und auf Küchenpapier abtropfen lassen.

5 Fisch, Zwiebel und Knoblauch unter die Kartoffeln rühren. Petersilie oder Koriander und Kapern zufügen. Mit reichlich Pfeffer abschmecken.

6 Das Ei unterrühren, alles abdecken und für 30 Minuten kalt stellen. Noch einmal abschmecken.

7 Eine Bratpfanne 5 cm hoch mit Öl füllen und erhitzen. Das Öl ist heiß genug, wenn ein Brotwürfel darin in 30 Sekunden braun wird. Die Fischmischung esslöffelweise in das heiße Öl geben und 8 Minuten braten, bis die Bällchen goldbraun sind. Nicht mehr als 6 Bällchen auf einmal frittieren, sonst wird das Öl zu kalt. Es sollten 18–20 Bällchen werden.

8 Die Bällchen auf Küchenpapier gut abtropfen lassen. Mit Petersilie garnieren und sofort mit Aioli servieren.

Thunfischtaler

Für 4 Personen

220 g Kartoffeln, gewürfelt
1 EL Olivenöl
1 große Schalotte, fein gehackt
1 Knoblauchzehe, fein gehackt
1 TL Thymianblätter
400 g Thunfisch aus der Dose, abgetropft
geriebene Schale von 1/2 Zitrone
1 EL frisch gehackte Petersilie
Salz und Pfeffer
2–3 EL Mehl
1 Ei, leicht verquirlt
120 g frische Semmelbrösel
Öl, zum Ausbacken

SCHNELLE TOMATENSAUCE
2 EL Olivenöl
1 Knoblauchzehe, zerdrückt
400 g Tomaten aus der Dose, gewürfelt
1 TL Zucker
geriebene Schale von 1 Zitrone
1 EL frisch gehacktes Basilikum
Salz und Pfeffer

1 Für die Thunfischtaler Kartoffeln 12–15 Minuten in reichlich kochendem Salzwasser kochen, bis sie gar sind. Grob zerstampfen und beiseite stellen.

2 Das Olivenöl in einer kleinen Pfanne erhitzen und die Schalotte 5 Minuten glasig andünsten. Knoblauch und Thymian einrühren und 1 weitere Minute dünsten. Etwas abkühlen lassen, dann mit Thunfisch, Zitronenschale und Petersilie zu den Kartoffeln geben und mit Salz und Pfeffer abschmecken. Gut, aber nicht zu glatt verrühren.

3 Die Mischung zu 6–8 Küchlein formen und nacheinander in Mehl, Ei und Semmelbröseln wenden. 30 Minuten kalt stellen.

4 In der Zwischenzeit Olivenöl, Knoblauch, Tomaten, Zucker, Zitronenschale und Basilikum für die Tomatensauce in einem Topf zum Kochen bringen. Abschmecken, abdecken und 30 Minuten sanft köcheln lassen. Aufdecken und 15 Minuten köchelnd eindicken lassen.

5 Den Boden einer Pfanne großzügig mit Öl bedecken und erhitzen. Die Fischtaler in mehreren Portionen 3–4 Minuten von jeder Seite goldgelb und knusprig ausbacken. Auf Küchenpapier abtropfen und mit der Tomatensauce servieren.

3

4

Fish & Chips

Für 4 Personen

675 g Kartoffeln, geschält
Öl, zum Frittieren
4 Kabeljaufilets à 180 g
frische Petersilie, zum Garnieren

AUSBACKTEIG
15 g frische Hefe
300 ml Bier
220 g Mehl
2 TL Salz

MAYONNAISE
1 Eigelb
1 TL körniger Senf
1 EL Zitronensaft
Salz und Pfeffer
200 ml Olivenöl

1 Für den Teig die Hefe mit etwas Bier anrühren. Nach und nach das restliche Bier unterrühren. Mehl und Salz in eine Schüssel sieben, eine Mulde in die Mitte drücken, die Hefemischung unterrühren. Abdecken und 1 Stunde stehen lassen.

2 Für die Mayonnaise Eigelb, Senf, Zitronensaft, Salz und Pfeffer in der Küchenmaschine 30 Sekunden schaumig schlagen. Langsam und gleichmäßig Olivenöl zugießen und sorgfältig einarbeiten. Abschmecken, eventuell mit etwas lauwarmem Wasser verdünnen. Bis zum Verzehr kalt stellen.

3 Die Kartoffeln in 1 cm breite Streifen schneiden. Das Öl in einem Topf auf 140 °C erhitzen, bis ein Brotwürfel darin innerhalb von 1 Minute braun wird. Die Kartoffelstreifen in 2 Portionen je 5 Minuten frittieren, bis sie gar, aber noch nicht gebräunt sind. Auf Küchenpapier gründlich abtropfen lassen.

4 Das Öl auf 160 °C erhitzen, bis ein Brotwürfel darin in 45 Sekunden braun wird. Den Fisch mit Salz und Pfeffer bestreuen und in den Bierteig tauchen. Je 2 Stücke gleichzeitig 7–8 Minuten goldbraun frittieren. Auf Küchenpapier gut abtropfen lassen und warm stellen.

5 Das Öl auf 190 °C erhitzen (ein Brotwürfel bräunt darin innerhalb von 30 Sekunden). Pommes frites in 2 Portionen jeweils weitere 2–3 Minuten goldbraun frittieren. Auf Küchenpapier gründlich abtropfen lassen und mit Salz bestreuen.

6 Den Fisch und die Pommes frites mit Petersilie garnieren und mit der Mayonnaise sofort servieren.

Meereswogen

Für 4 Personen

500 g Kabeljau- oder Schellfischfilet
225 g Lachssteak, die Haut entfernt
425 ml Magermilch, plus etwas mehr für das Kartoffelpüree
1 Lorbeerblatt
Salz und Pfeffer
1 kg Kartoffeln
60 g Krabben, geschält
60 g Butter
25 g Mehl
4 EL Weißwein
1 TL frisch gehackter oder 1/2 EL getrockneter Dill
2 EL Kapern, abgetropft
einige ganze Krabben mit Schale, zum Garnieren

VARIATION

Verwenden Sie frisch gepulte Jakobsmuscheln anstelle der Krabben. Braten Sie sie kurz in heißem Öl 1–2 Minuten an, bevor sie in Schritt 3 zu der Füllung gegeben werden.

1 Den Fisch mit 300 ml Milch und dem Lorbeerblatt in eine Pfanne geben. Mit Salz und Pfeffer würzen. Aufkochen, abdecken und 12 Minuten köcheln lassen.

1

2 Die Kartoffeln schälen, grob würfeln und in reichlich Salzwasser weich garen.

3 Den Fisch aus der Pfanne nehmen und 300 ml Fischfond aufbewahren, bei Bedarf Milch zugießen. Den Fisch mit einer Gabel zerkleinern, von Gräten befreien und in eine flache Auflaufform legen. Die Krabben darüber verteilen.

3

4 In einer Pfanne 30 g Butter zerlassen, das Mehl zufügen und unter Rühren 1 Minute anschwitzen. Langsam Fischfond und Wein einrühren, aufkochen. Dill und Kapern zufügen, abschmecken und köcheln lassen, bis die Sauce eindickt. Die Sauce über den Fisch gießen und gut unterrühren.

4

5 Die Kartoffeln abgießen und pürieren. Salz und Pfeffer sowie restliche Butter zufügen. Nach Belieben Milch zugießen.

6 Den Backofen auf 200 °C vorheizen. Das Püree in einen Spritzbeutel füllen und mit dem breiten Spritzaufsatz gleichmäßige Rosetten über dem Fisch formen. Den Auflauf ca. 25 Minuten backen, bis er sehr heiß und knusprig braun ist. Mit Krabben garnieren und servieren.

Pochierte Regenbogenforelle

Für 4 Personen

4 Regenbogenforellen à 350 g
700 g neue Kartoffeln
3 Frühlingszwiebeln, fein gehackt
1 Ei, hart gekocht und gehackt
Zitronenscheiben und glatte Petersilie, zum Garnieren

COURT-BOUILLON
850 ml kaltes Wasser
850 ml trockener Weißwein
3 EL Weißweinessig
2 große Karotten, grob gehackt
1 Zwiebel, grob gehackt
2 Selleriestangen, grob gehackt
2 Porreestangen, grob gehackt
2 Knoblauchzehen, grob gehackt
2 frische Lorbeerblätter
4 frische Petersilienzweige
4 frische Thymianzweige
6 schwarze Pfefferkörner
1 TL Salz

KRESSE-MAYONNAISE
1 Eigelb
1 TL Dijonsenf
50 g Brunnenkresse, gehackt
1 EL Weißweinessig
220 ml Olivenöl
Salz und Pfeffer

1 Alle Zutaten für die Court-Bouillon in einem großen Topf bei schwacher Hitze zum Kochen bringen. Abdecken und 30 Minuten köcheln lassen. Durch ein feines Sieb in einen sauberen Topf abseihen. Aufkochen und etwa 15–20 Minuten kochend auf 600 ml reduzieren.

2 Die Forellen mit der Court-Bouillon in einer großen Pfanne langsam zum Kochen bringen. Vom Herd nehmen und zum Abkühlen beiseite stellen.

3 Unterdessen die Mayonnaise zubereiten. Eigelb, Senf, Brunnenkresse und Essig 30 Sekunden im Mixer verrühren. Das Öl tropfenweise zugießen, bis die Mischung andickt. Dann das Öl in einem dünnen Strahl zugießen, bis es vollständig verarbeitet ist. Die Mayonnaise bei Bedarf mit ein wenig heißem Wasser verdünnen. Mit Salz und Pfeffer abschmecken und beiseite stellen.

4 Die Kartoffeln in einem großen Topf mit reichlich Salzwasser 12–15 Minuten gar kochen. Gründlich abtropfen und unter fließend kaltem Wasser abschrecken. Zum Auskühlen beiseite stellen.

5 Die kalten Kartoffeln nach Belieben halbieren und mit Mayonnaise, Frühlingszwiebeln und gehacktem Ei vermengen.

6 Die Fische vorsichtig aus der Flüssigkeit heben und auf Küchenpapier abtropfen lassen. Mit dem Kartoffelsalat auf Tellern anrichten, mit Zitronenscheiben und Petersilie garnieren und servieren.

2

Gemüseauflauf mit Kartoffelkruste

Für 4 Personen

1 Karotte, gewürfelt
175 g Blumenkohl, in Röschen
175 g Brokkoli, in Röschen
1 Fenchelknolle, in Scheiben
75 g grüne Bohnen, halbiert
25 g Butter
25 g Mehl
150 ml Gemüsebrühe
150 ml trockener Weißwein
150 ml Milch
2 EL frisch gehackter Salbei
175 g braune Champignons, geviertelt

KARTOFFELKRUSTE
4 mehlig kochende Kartoffeln, gewürfelt
25 g Butter
4 EL Naturjoghurt
4 EL frisch geriebener Parmesan
1 TL Fenchelsamen
Salz und Pfeffer

1 Karotte, Blumenkohl, Brokkoli, Fenchel und Bohnen in kochendem Wasser 10 Minuten blanchieren. Gründlich abgießen und dann beiseite stellen.

2 Butter zerlassen, Mehl einrühren und 1 Minute unter Rühren anschwitzen. Brühe, Wein und Milch einrühren und kurz aufkochen. Dabei ständig rühren, bis die Flüssigkeit eingedickt ist. Salbei und Pilze zugeben.

3 Unterdessen die Kartoffeln in einem Topf mit kochendem Wasser 10–15 Minuten gar kochen. Gründlich abgießen und mit der Butter, dem Joghurt und der Hälfte des Käses zu Püree zerstampfen. Fenchelsamen einrühren und abschmecken.

4 Die Gemüsemischung in eine 1-l-Auflaufform geben und mit dem Kartoffelpüree ganz bedecken. Mit dem restlichen Käse bestreuen und im vorgeheizten Backofen bei 190 °C 30–35 Minuten backen, bis die Kartoffeldecke goldbraun ist. Sofort servieren.

1

4

Drei-Käse-Kartoffel-Soufflé

Für 4 Personen

25 g Butter

2 TL Mehl

900 g mehlig kochende Kartoffeln

8 Eier, getrennt

25 g Gruyère, gerieben

25 g vollreifer Käse, gerieben

25 g Blauschimmelkäse, zerbröckelt

Salz und Pfeffer

1 Eine 2,5-l-Souffléform mit Butter einfetten und mit Mehl bestäuben. Beiseite stellen.

2 Die Kartoffeln in einem Topf mit kochendem Wasser gar kochen. Zu einem glatten Püree verarbeiten und in einer Schüssel abkühlen lassen.

3 Die Eigelb unter das Püree mischen, dann den Käse einrühren. Mit Salz und Pfeffer abschmecken.

4 Das Eiweiß in einer sauberen Schüssel steif schlagen und mit einem Metalllöffel vorsichtig unter die Kartoffelmasse heben.

5 Die Sufflémischung in die vorbereitete Form geben.

6 Im vorgeheizten Backofen bei 220 °C 35–40 Minuten backen, bis das Soufflé gut aufgegangen und fest geworden ist. Sofort servieren.

Vier-Käse-Kartoffel-Auflauf

Für 4 Personen

900 g fest kochende Kartoffeln, ungeschält und in Spalten
25 g Butter
1 rote Zwiebel, halbiert und in Ringen
2 Knoblauchzehen, zerdrückt
25 g Mehl
600 ml Milch
400 g eingelegte Artischockenherzen aus der Dose, abgetropft und halbiert
150 g Mischgemüse
125 g Gruyère, gerieben
125 g vollreifer Hartkäse, gerieben
50 g Gorgonzola, zerbröckelt
25 g frisch geriebener Parmesan
225 g Tofu, abgetropft und in Scheiben
2 EL frisch gehackter Thymian
Salz und Pfeffer
Thymianzweige, zum Garnieren

VARIATION

Wem der Geschmack von Gorgonzola zu kräftig ist, kann ihn durch milderen Käse wie Dolcelatte ersetzen.

1 Die Kartoffeln in einem Topf mit kochendem Wasser 10 Minuten garen. Gründlich abgießen.

2 In der Zwischenzeit die Butter in einer Pfanne zerlassen, Zwiebel und Knoblauch zufügen und 2–3 Minuten dünsten.

3 Das Mehl einrühren und 1 Minute dünsten, unter ständigem Rühren nach und nach die Milch zugießen und aufkochen.

4 Die Hitze reduzieren. Dann Artischockenherzen, Mischgemüse, jeweils die Hälfte der 4 Käsesorten und den Tofu zugeben. Alles sorgfältig umrühren. Den Thymian einstreuen und die Gemüsemischung mit Salz und Pfeffer abschmecken.

1

5 Den Boden einer Auflaufform mit einer Schicht Kartoffeln auslegen. Die Gemüsemischung auf der Kartoffelschicht verteilen und anschließend die restlichen Kartoffeln über das Gemüse schichten. Den restlichen Käse darüber streuen.

4

5

6 Im vorgeheizten Backofen bei 200 °C 30 Minuten backen, bis die Kartoffeln gar sind und der Auflauf oben goldbraun und knusprig ist. Mit frischem Thymian garnieren und sofort servieren.

Gemüse-Kartoffel-Pfanne

Für 4 Personen

675 g fest kochende Kartoffeln, ungeschält und in Scheiben
1 Karotte, gewürfelt
225 g kleine Brokkoliröschen
60 g Butter
2 EL Pflanzenöl
1 rote Zwiebel, geviertelt
2 Knoblauchzehen, zerdrückt
175 g Tofu, gewürfelt
2 EL frisch gehackter Salbei
75 g vollreifer, herzhafter Hartkäse, gerieben

1 Die Kartoffeln in einem Topf mit kochendem Wasser 10 Minuten garen. Gründlich abgießen.

2 Inzwischen Karotte und Brokkoli in einem separaten Topf mit kochendem Wasser 5 Minuten blanchieren. Mit einem Schaumlöffel herausheben.

3 Butter und Öl in einer Pfanne erhitzen, Zwiebel und Knoblauch zufügen und 2–3 Minuten dünsten. Die Hälfte der Kartoffeln zufügen und den Pfannenboden gleichmäßig damit bedecken.

4 Karotte, Brokkoli und Tofu darauf verteilen und mit der Hälfte des Salbeis bestreuen. Mit den restlichen Kartoffelscheiben bedecken und den Käse darüber streuen.

2

4

4

5 Das geschichtete Gemüse bei schwacher Hitze ca. 8–10 Minuten garen, anschließend die Pfanne für 2–3 Minuten unter den auf mittlere Hitze vorgeheizten Grill legen, bis der Käse geschmolzen und oben leicht gebräunt ist.

6 Das fertige Gericht mit dem restlichen Salbei garnieren und direkt aus der Pfanne servieren.

Bubble & Squeak

Für 4 Personen

450 g mehlig kochende Kartoffeln, gewürfelt

225 g Spitzkohl oder Wirsing, grob gehackt

5 EL Pflanzenöl

2 Porreestangen, in Ringen

1 Knoblauchzehe, zerdrückt

225 g geräucherter Tofu, gewürfelt

Salz und Pfeffer

Porree, blanchiert und in Ringen, zum Garnieren

TIPP

Diese vegetarische Version des klassischen englischen Gerichts „Bubble & Squeak" wird durch die Tofuwürfel zu einem gehaltvollen Hauptgericht.

1 Die Kartoffeln in einem Topf mit kochendem Wasser 10 Minuten garen, bis sie weich sind. Gründlich abgießen und zu Püree zerstampfen.

2 Unterdessen den Kohl in einem separaten Topf mit kochendem Wasser 5 Minuten blanchieren, abgießen und zu den Kartoffeln geben.

2

3 Das Öl in einer großen Pfanne erhitzen, Porree und Knoblauch zufügen und 2–3 Minuten bei schwacher Hitze dünsten. Unter die Kartoffel-Kohl-Mischung rühren.

4

4 Den Tofu zufügen und gut mit Salz und Pfeffer abschmecken. Alles in die Pfanne geben und bei schwacher Hitze 10 Minuten garen.

5

5 Die Mischung vorsichtig im Ganzen wenden und noch einmal 5–7 Minuten garen, bis sie von unten knusprig geworden ist. Das fertige Gericht mit dem Porree garnieren und sofort servieren.

Kartoffel-Gemüse-Curry

Für 4 Personen

4 EL Pflanzenöl

675 g fest kochende Kartoffeln, grob gewürfelt

2 Zwiebeln, geviertelt

3 Knoblauchzehen, zerdrückt

1 TL Garam Masala

1/2 TL gemahlene Kurkuma

1/2 TL gemahlener Kreuzkümmel

1/2 TL gemahlener Koriander

2,5-cm-Stück Ingwerwurzel, gerieben

1 rote Chili, entkernt und gehackt

4 Tomaten, gehäutet und geviertelt

225 g Blumenkohl, in Röschen

75 g Erbsen, Tiefkühlware aufgetaut

2 EL frisch gehackter Koriander

300 ml Gemüsebrühe

frisch gezupfter Koriander, zum Garnieren

Reis oder Fladenbrot, zum Servieren

TIPP

Verwenden Sie für dieses Curry eine große gusseiserne Pfanne, damit die Kartoffeln gut durchgebraten werden.

1 Das Öl in einer Pfanne erhitzen, Kartoffeln, Zwiebeln und Knoblauch zufügen und bei schwacher Hitze unter ständigem Rühren 2–3 Minuten andünsten.

1

2 Garam Masala, Kurkuma, Kreuzkümmel, Koriander, Ingwer und Chili zufügen. Die Gewürze gut mit dem Gemüse vermischen und bei geringer Hitze noch 1 weitere Minute unter Rühren dünsten.

2

3 Tomaten, Blumenkohl, Erbsen, Koriander und Brühe zu der Gewürz-Gemüse-Mischung in die Pfanne geben und sorgfältig einrühren, sodass alles gut vermischt ist.

3

4 Das Curry bei schwacher Hitze 30–40 Minuten köcheln lassen, bis die Kartoffeln gar sind.

5 Das fertige Gericht mit frischem Koriander bestreuen und mit weißem Reis oder warmem Fladenbrot servieren.

Kirchererbsen-Curry

Für 4 Personen

6 EL Pflanzenöl
2 Zwiebeln, in Scheiben geschnitten
1 TL fein gehackte Ingwerwurzel
1 TL gemahlener Kreuzkümmel
1 TL gemahlener Koriander
1 TL zerdrückter Knoblauch
1 TL Chilipulver
2 grüne Chillies
1 EL frisch gehackter Koriander
150 ml Wasser
300 g Kartoffeln
400 g Kichererbsen aus der Dose, abgetropft
1 EL Zitronensaft

1 Das Öl in einem großen Topf erhitzen.

2 Zwiebeln dazugeben und bei mittlerer Hitze unter gelegentlichem Rühren 5–8 Minuten goldbraun dünsten.

3 Hitze reduzieren, Ingwer, Kreuzkümmel, Koriander, Knoblauch, Chilipulver und Chillies in den Topf geben und 2 Minuten pfannenrühren.

4 Wasser zu der Mischung in den Topf geben und gut verrühren.

5 Mit einem scharfen Messer die Kartoffeln in kleine Würfel schneiden. Kartoffeln und Kichererbsen zu der Mischung in den Topf geben. Die Hitze reduzieren, abdecken und unter gelegentlichem Rühren 5–7 Minuten köcheln lassen.

6 Zitronensaft darüber geben und verrühren.

7 Kichererbsen-Curry in vorgewärmte Servierschalen geben und sofort servieren.

Kartoffel-Curry

Für 4 Personen

3 Kartoffeln

150 ml Öl

1 TL Schwarzkümmel

1/2 TL Fenchelsamen

4 Curryblätter

1 TL gemahlener Kreuzkümmel

1 TL gemahlener Koriander

1 TL Chilipulver

1 Prise gemahlene Kurkuma

1 TL Salz

1 1/2 TL Mangopulver

1 Die Kartoffeln schälen, waschen und anschließend in Scheiben schneiden.

1

3

2 Die Kartoffelscheiben in einem großen Topf mit kochendem Wasser 12–15 Minuten gar, aber nicht zu weich kochen. Am besten durch Einstechen mit einem Messer testen. Gründlich abgießen und beiseite stellen.

3 In einem separaten Topf das Öl erhitzen. Hitze reduzieren und Schwarzkümmel, Fenchelsamen und Curryblätter unter Rühren zugeben und kurz anbraten.

3

4 Den Topf vom Herd nehmen und Kreuzkümmel, Koriander, Chilipulver, Kurkuma, Salz und Mangopulver zugeben. Alles gut verrühren.

5 Den Topf wieder auf den Herd stellen und die Mischung ca. 1 Minute pfannenrühren.

6 Die Kartoffelscheiben behutsam mit der Gewürzmischung vermengen und bei geringer Hitze ca. 5 Minuten unter Rühren anbraten.

7 Das Kartoffel-Curry auf Teller verteilen und sofort servieren.

Gemüse-Pulao

Für 6 Personen

4 EL Ghee
450 g Kartoffeln, in Stücke geschnitten
1 Aubergine, in Stücke geschnitten
200 g Karotten, in Scheiben geschnitten
50 g grüne Bohnen, in Stücke geschnitten
2 Zwiebeln, in Ringe geschnitten
175 ml Naturjoghurt
2 TL fein gehackte Ingwerwurzel
2 TL zerdrückter Knoblauch
2 TL Garam Masala
2 TL schwarzer Kreuzkümmel
$^1/_2$ TL gemahlene Kurkuma
3 schwarze Kardamomkapseln
3 Zimtstangen
2 TL Salz
1 TL Chilipulver
$^1/_2$ TL Safranfäden
300 ml Milch
600 g Basmati-Reis
5 EL Zitronensaft

GARNIERUNG

4 klein geschnittene grüne Chillies
frisch gehackter Koriander

1 Das Gemüse vorbereiten. Ghee in einer Pfanne erhitzen. Kartoffeln, Aubergine, Karotten und Bohnen zugeben und unter häufigem Wenden braten, bis alles gar und weich ist. Aus der Pfanne nehmen und beiseite stellen.

2 Zwiebeln in die Pfanne geben und unter häufigem Rühren anschwitzen, bis sie weich sind. Joghurt, Ingwer, Knoblauch, Garam Masala, 1 TL schwarzen Kreuzkümmel, Kurkuma, 1 Kardamomkapsel, 1 Zimtstange, 1 TL Salz und das Chilipulver zugeben und 3–5 Minuten unter Rühren braten. Das Gemüse wieder in die Pfanne geben und alles 4– 5 Minuten dünsten.

3 Safran und Milch in einen Topf geben und unter Rühren zum Kochen bringen. Vom Herd nehmen und beiseite stellen.

4 Den Reis mit 1 TL Salz, 2 Zimtstangen, 2 schwarzen Kardamomkapseln und 1 EL schwarzem Kreuzkümmel in einen Topf mit kochendem Wasser geben und alles kochen, bis der Reis halb gar ist. Dann den Reis abgießen, die Hälfte davon im Topf lassen, die andere in eine Schüssel geben. Die Gemüsemischung über den Reis im Topf geben. Die Hälfte des Zitronensafts und der Safranmilch über Gemüse und Reis gießen, mit dem restlichen Reis bedecken und übrigen Zitronensaft und Safranmilch darüber geben.

5 Mit Chillies und Koriander garnieren. Erneut auf den Herd stellen und abdecken. Bei schwacher Hitze ca. 20 Minuten kochen. Heiß servieren.

Kartoffel-Blumenkohl-Curry

Für 4 Personen

150 ml Öl
½ TL Kreuzkümmelsamen
4 getrocknete rote Chillies
2 Zwiebeln, in Ringen
1 TL Chilipulver
1 TL frisch geriebener Ingwer
2 Knoblauchzehen, zerdrückt
1 TL Salz
1 Prise gemahlene Kurkuma
700 g Kartoffeln, geschält und in Scheiben geschnitten
½ Blumenkohl, in kleinen Röschen
2 grüne Chillies, nach Belieben
1 EL frisch gehackter Koriander
150 ml Wasser

TIPP

Vorsicht beim Schneiden von Chillies! Am besten Gummihandschuhe anziehen, denn der Saft und die Samen der Chilischote sind brennend scharf. Danach die Hände waschen und weder Gesicht noch Augen berühren.

1 Das Öl in einer großen Pfanne erhitzen. Kreuzkümmel und Chillies in die Pfanne geben und kurz anbraten.

2 Die Zwiebelringe in die Pfanne geben und bei mittlerer Hitze unter gelegentlichem Rühren 5–8 Minuten goldbraun braten.

3 Chilipulver, Ingwer, Knoblauch, Salz und Kurkuma in einer separaten Schüssel verrühren, in die Pfanne geben und alles 2 Minuten pfannenrühren.

4 Kartoffelscheiben und Blumenkohlröschen zur Gewürz-Zwiebel-Mischung geben. Alles gut verrühren. Hitze reduzieren und nach Belieben die grünen Chillies zugeben. Koriander und Wasser in die Pfanne einrühren. Das Curry mit einem Deckel abdecken und 10–15 Minuten köcheln lassen, bis das Gemüse weich ist.

5 Das Curry auf vorgewärmte Teller verteilen und sofort servieren.

Parragon
Queen Street House
4 Queen Street
Bath BA1 1HE, UK

Satz: KONTUR Medienteam, Köln
Koordination: Antje Seidel, Köln

ISBN 1-40543-397-3

Printed in Indonesia

HINWEIS

Sind Zutaten in Löffelmengen angegeben, ist immer ein gestrichener Löffel gemeint. Ein Teelöffel entspricht 5 ml, ein Esslöffel 15 ml. Sofern nichts anderes angegeben ist, wird Vollmilch (3,5 % Fett) verwendet. Bei Eiern und einzelnen Gemüsesorten, z. B. Kartoffeln, verwenden Sie mittelgroße Exemplare. Pfeffer sollte stets frisch gemahlen sein. Sofern die Schale von Zitrusfrüchten benötigt wird, verwenden Sie unbedingt unbehandelte Früchte.

Kinder, ältere Menschen, Schwangere, Kranke und Rekonvaleszenten sollten auf Gerichte mit rohen oder nur leicht gegarten Eiern verzichten.